So wird es gemacht:

Öffne das miniLÜK®-Lösungsgerät und lege die Plättchen in den unbedruckten Deckel! Jetzt kannst du auf den Plättchen und im Geräteboden die Zahlen [1] bis [12] sehen.

Beispiel: Seite 2 *Welche Aufgabe passt?*
Nimm das Plättchen [1], lies Aufgabe [1] und suche die richtige Lösung. Es ist die Aufgabe „27 + 9". Daneben steht die Lösungszahl 8. Die 8 ist auch die Feldzahl, auf die du das Plättchen [1] legst, also Plättchen [1] auf Feld 8 im Geräteboden! Die Zahl 1 muss nach oben zeigen.

So arbeitest du weiter, bis alle Plättchen im Geräteboden liegen. Schließe dann das Gerät und drehe es um! Öffne es von der Rückseite!

Wenn du das bei der Übungsreihe abgebildete Lösungsmuster siehst, hast du alle Aufgaben richtig gelöst. Passen einige Plättchen nicht in das Muster, dann hast du dort Fehler gemacht. Drehe diese Plättchen da, wo sie liegen, um, schließe das Gerät, drehe es um und öffne es wieder! Jetzt kannst du sehen, welche Aufgaben du falsch gelöst hast.

Nimm diese Plättchen heraus und suche die richtigen Ergebnisse! Kontrolliere dann noch einmal! Stimmt jetzt das Muster?

Das System ist für alle Übungen gleich: Die roten Aufgabennummern im Heft entsprechen immer den miniLÜK-Plättchen aus dem Lösungsgerät. Die Zahlen hinter den Lösungen sagen dir, auf welche Felder im Lösungsgerät die Plättchen gelegt werden müssen.

VIEL VERGNÜGEN!

Zahlen & Operationen

Welche Aufgabe passt?

Welche Aufgabe passt zum Text? Rechne die passende Aufgabe aus.

1 Im Aquarium schwimmen 27 Fische. Vater kauft noch 9 Fische dazu.

$27 - 9 =$ ___ [7] $27 : 9 =$ ___ [12] $27 + 9 =$ ___ [8] $27 \cdot 9 =$ ___ [10]

2 Lisa reinigt das Aquarium. Von den 18 Pflanzen setzt sie nur 9 wieder ins Aquarium. Die anderen Pflanzen sind zu groß.

$18 + 9 =$ ___ [4] $18 : 9 =$ ___ [10] $18 \cdot 9 =$ ___ [7] $18 - 9 =$ ___ [12]

3 Im Sportunterricht möchten 28 Kinder Völkerball spielen. Die Lehrerin teilt die Kinder in zwei gleich große Mannschaften ein.

$28 : 2 =$ ___ [10] $28 + 2 =$ ___ [4] $28 - 2 =$ ___ [11] $28 \cdot 2 =$ ___ [7]

4 Lilli liest ein spannendes Buch. Das Buch hat 83 Seiten. 45 Seiten hat Lilli schon gelesen.

$83 + 45 =$ ___ [11] $83 - 45 =$ ___ [7] $83 : 45 =$ ___ [1] $83 \cdot 45 =$ ___ [4]

5 Tim hat 36 Sticker gesammelt. Er kauft sich noch 12 dazu.

$36 : 12 =$ ___ [1] $36 - 12 =$ ___ [11] $36 + 12 =$ ___ [4] $36 \cdot 12 =$ ___ [9]

6 Lisas Geburtstagskuchen hat 24 Stücke. Mutter verteilt ihn an vier Kinder.

$24 \cdot 4 =$ ___ [9] $24 - 4 =$ ___ [6] $24 + 4 =$ ___ [1] $24 : 4 =$ ___ [11]

Zahlen & Operationen

Welche Aufgabe passt zum Text? Rechne die passende Aufgabe aus.

7 Lotta hat 75 Murmeln. Beim 1. Spiel gewinnt sie 8 Murmeln, beim 2. Spiel verliert sie 10 Murmeln.

75 – 8 + 10 = ____ 3   75 + 8 – 10 = ____ 1

8 Tim hat 34 Murmeln. Er verliert 7 Murmeln und bekommt von Ida 9 Murmeln geschenkt.

34 – 7 + 9 = ____ 6   34 + 7 – 9 = ____ 2

9 In der Vase sind 21 Rosen. Lara nimmt 5 verwelkte Rosen heraus und stellt 6 frische Rosen in die Vase.

21 + 5 + 6 = ____ 8   21 – 5 + 6 = ____ 9

10 Oma kauft 5 Päckchen mit Taschentüchern. In jedem Päckchen sind 10 Taschentücher. Oma verbraucht 4 Taschentücher.

5 · 10 – 4 = ____ 2   4 · 10 – 5 = ____ 5

11 Im Blumenbeet blühen 7 Reihen Tulpen. In jeder Reihe sind 8 Tulpen. Mutter pflückt 9 Tulpen ab.

7 + 8 · 9 = ____ 12   7 · 8 – 9 = ____ 3

12 In jeder Gondel des Riesenrades können 6 Personen sitzen. 5 Gondeln sind voll besetzt, eine Gondel ist halbvoll.

6 · 5 + 3 = ____ 5   6 · 5 – 3 = ____ 8

Zahlen & Operationen
Gleiche Zeichen – gleiche Zahlen

Gleiche Zeichen in einer Aufgabe bedeuten gleiche Zahlen. Welche Zahl ist es? Wähle jeweils die niedrigste Möglichkeit!

4

Zauberzahlen

Zahlen & Operationen

Wie heißt die Zahl im farbigen Kreis?

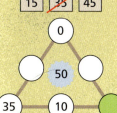
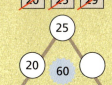
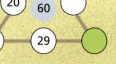
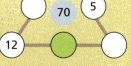
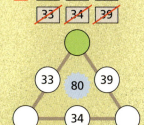
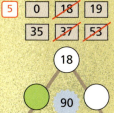
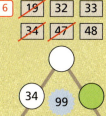
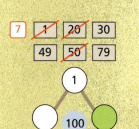
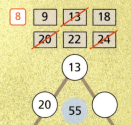
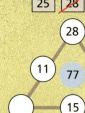

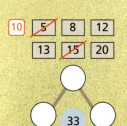
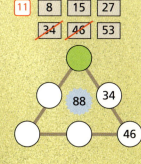
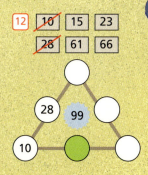

Sudoku

Ein Sudoku ist ein Zahlenrätsel. Dabei dürfen in jeder Zeile und jeder Spalte die Zahlen von 1 bis 4 jeweils nur einmal vorkommen. In jedem der vier kleinen Quadrate dürfen die Zahlen von 1 bis 4 auch nur einmal stehen.

4	[1]		1
	1	2	
	3	4	
2		[2] 3	

2		4	[3]
1	4		
[4]		1	3
	1		4

3		[5]	1
1		[6]	4
4		3	
	3		

	3	2	
2		[7] 3	
	1		2
3	[8]	4	

1	[9]		4
	2		1
	1		2
	2	4	[10]

1			2
	3	4	
3	1	2	[12]
[11]			3

Zahlenrätsel

Zahlen & Operationen

1. Wenn ich meine Zahl verdoppele, erhalte ich 84.

2. Wenn ich meine Zahl halbiere, erhalte ich 27.

3. Wenn ich meine Zahl verdoppele und dann 13 addiere, erhalte ich 95.

4. Wenn ich meine Zahl halbiere und dann 15 subtrahiere, erhalte ich 15.

5. Wenn ich meine Zahl durch 3 dividiere und dann mit 2 multipliziere, erhalte ich 60.

6. Wenn ich meine Zahl mit 2 multipliziere und dann 12 subtrahiere, erhalte ich 38.

7. Wenn ich meine Zahl von 100 subtrahiere und das Ergebnis verdoppele, erhalte ich 72.

8. Wenn ich meine Zahl halbiere und dann noch einmal halbiere, erhalte ich 14.

9. Wenn ich meine Zahl verdoppele und dann wieder verdoppele, erhalte ich 64.

10. Wenn ich von meiner Zahl 37 subtrahiere, und dann durch 3 dividiere, erhalte ich 21.

11. Wenn ich meine Zahl durch 6 dividiere, dann durch 2 dividiere und mit 10 multipliziere, erhalte ich 80.

12. Wenn ich meine Zahl mit 5 multipliziere, dann durch 5 dividiere und mit 1 multipliziere, erhalte ich 12.

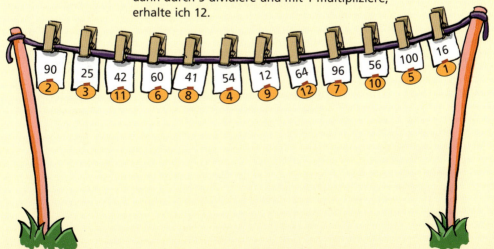

Zahlen & Operationen

In der Klasse

1. Wie viele Kinder sitzen an den Tischen?
2. Wie viele Kinder sind insgesamt in der Klasse?
3. Wie viele Tischgruppen sind besetzt, wenn alle Kinder sitzen?
4. Wie viele Plätze bleiben frei, wenn alle Kinder sitzen?
5. Wie viele Stühle gibt es insgesamt?
6. Die Tische werden zu einem Viereck mit gleich langen Seiten aufgestellt. Wie viele Tische stehen an jeder Seite?
7. 15 Kinder haben für heute schon Schulschluss, wie viele Stühle sind belegt?
8. Lisa hat Geburtstag. Sie verteilt 78 Bonbons. Wie viele erhält jedes Kind?
9. Die Tische werden zu Achtergruppen zusammengestellt. Wie viele Tischgruppen sind es?
10. Der Lehrer sammelt die Hefte ein, zwei Kinder fehlen. Wie viele Hefte sind es?
11. Tim hat Geburtstag. Er hat die halbe Klasse eingeladen. Wie viele Kinder kommen?
12. 4 Kinder kommen neu dazu. Wie viele Viererische sind dann belegt?

Achsensymmetrische Figuren — Raum & Form

Wie viele Spiegelachsen hat jede Figur?

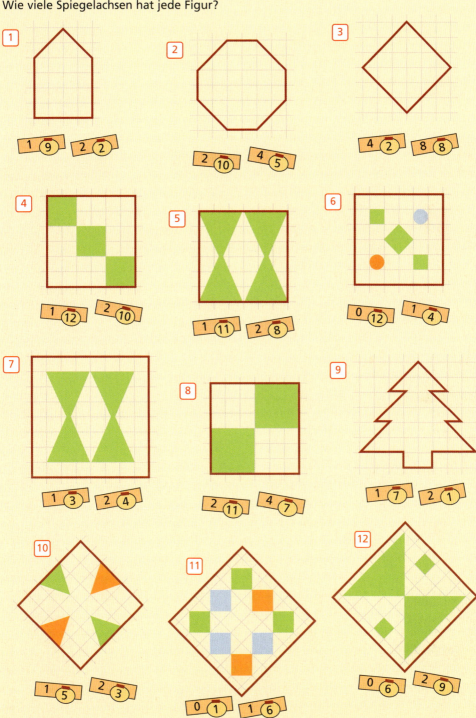

Raum & Form

Anzahlen von Dreiecken

Zähle alle Dreiecke. Wie viele Innendreiecke hat jede Figur?

Körper

Raum & Form

Würfel

Quader

Kugel

Pyramide

Kegel

Zylinder

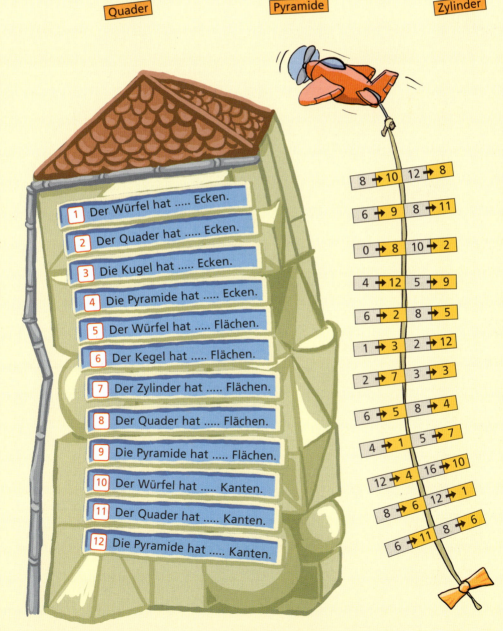

1. Der Würfel hat ..... Ecken.
2. Der Quader hat ..... Ecken.
3. Die Kugel hat ..... Ecken.
4. Die Pyramide hat ..... Ecken.
5. Der Würfel hat ..... Flächen.
6. Der Kegel hat ..... Flächen.
7. Der Zylinder hat ..... Flächen.
8. Der Quader hat ..... Flächen.
9. Die Pyramide hat ..... Flächen.
10. Der Würfel hat ..... Kanten.
11. Der Quader hat ..... Kanten.
12. Die Pyramide hat ..... Kanten.

8 → 10	12 → 8
6 → 9	8 → 11
0 → 8	10 → 2
4 → 12	5 → 9
6 → 2	8 → 5
1 → 3	2 → 12
2 → 7	3 → 3
6 → 5	8 → 4
4 → 1	5 → 7
12 → 4	16 → 10
8 → 6	12 → 1
6 → 11	8 → 6

Raum & Form

Netze

Das ist ein Netz: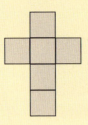

Sind das Würfelnetze?

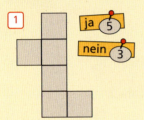
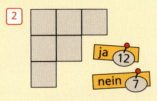
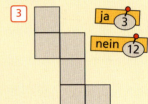

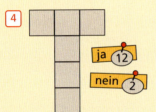
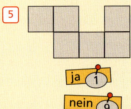
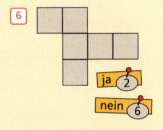

Sind das Quadernetze?

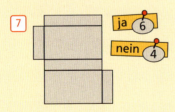
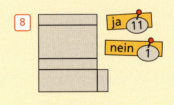
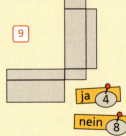

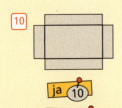
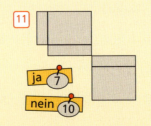
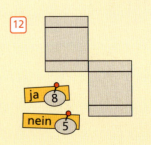

Würfelgebilde

Raum & Form

Wie viele Steckwürfel sind es ingesamt?

Raum & Form

Figuren aus Quadraten

Wie viele Quadrate hat jede Figur? Hinweis: 2 Dreiecke ergeben 1 Quadrat.

Polyominos

Raum & Form

Das sind Polyominos:

Dominos

Trominos

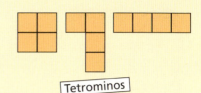

Tetrominos

Mit wie vielen Dominos kannst du diese Figuren auslegen?

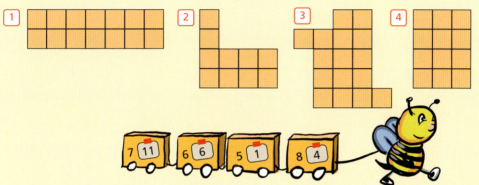

Mit wie vielen Trominos kannst du diese Figuren auslegen?

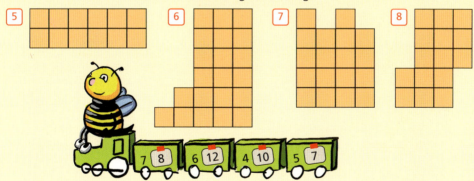

Mit wie vielen Tetrominos kannst du diese Figuren auslegen?

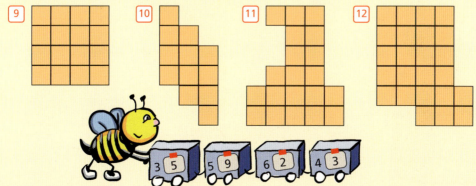

15

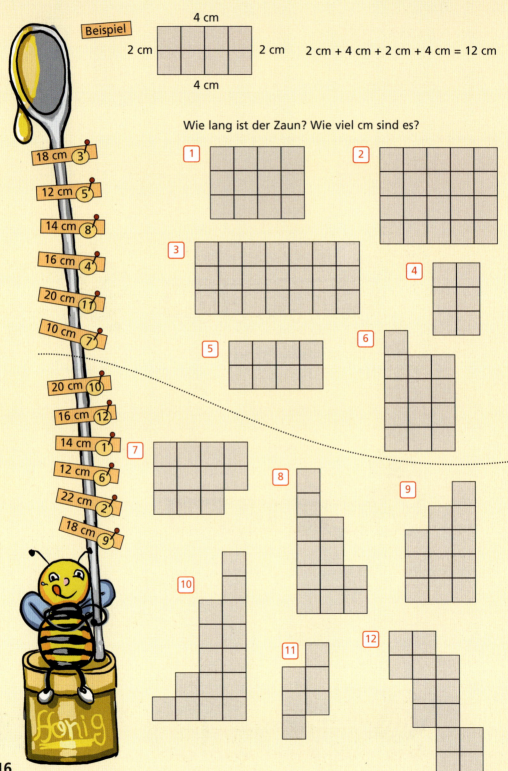

Versteckte Würfelpunkte

Raum & Form

Addiere alle Würfelpunkte, die du nicht sehen kannst. Denke auch an die Unterseiten.

Muster & Strukturen

Die nächste Figur

Welche Figur folgt?

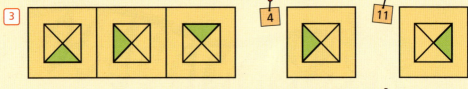

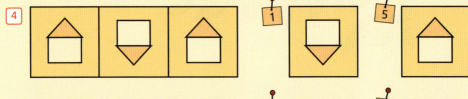

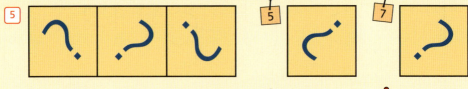

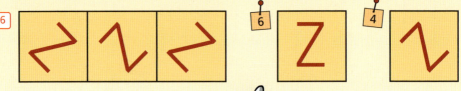

Muster & Strukturen

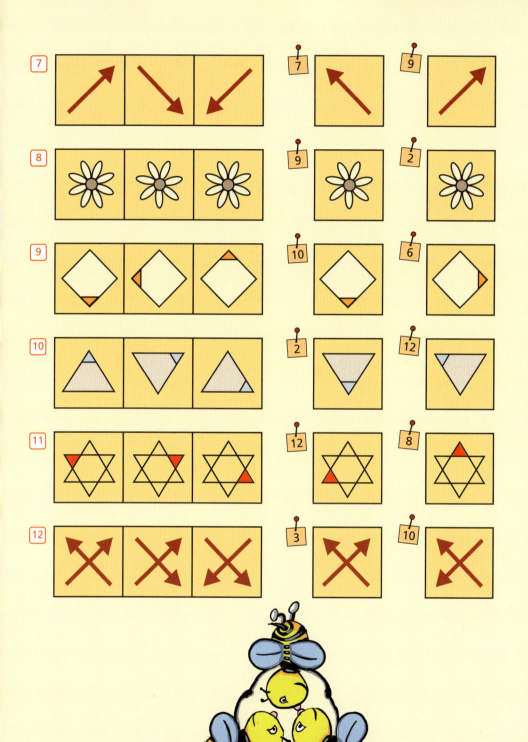

Muster & Strukturen

Fehlende Zahlen

Welche Zahl gehört in das gelbe Kästchen?

1	10	15			▢				50
2		12	24			60		▢	96
3	6		28	▢	50				94
4			▢					56	63
5	2			29		47	▢		74
6		11		27		▢		67
7	▢		40			67			94
8	40		▢		61				96
9	21		33		▢				69
10	11					▢			99
11		30			57		▢		93
12	40	▢							96

21 · 8
22 · 2
30 · 7
39 · 4
43 · 12
45 · 3
47 · 6
54 · 5
56 · 10
66 · 1
75 · 9
84 · 11

Zahlenfolgen

Muster & Strukturen

Welche Zahl kommt als nächste? Wie ist die Regel?

nächste Zahl: Regel:

35 (4)   −7 (8)
45 (10) −9 (11)
48 (5)   +8 (1)
52 (3)   +13 (2)
60 (9)   +15 (6)
88 (12) ·2 (7)
0 (9)   −15 (5)
5 (2)   :2 (12)
13 (1)   −13 (6)
16 (8)   ·2 (3)
36 (7)   −12 (10)
81 (4)   ·3 (11)

1 8, 16, 24, 32, 40, …   2 Regel:
3 0, 15, 30, 45, …   4 Regel:
5 0, 13, 26, 39, …   6 Regel:
7 11, 22, 44, …   8 Regel:
9 81, 72, 63, 54, …   10 Regel:
11 63, 56, 49, 42, …   12 Regel:

1 1, 3, 9, 27, …   2 Regel:
3 1, 2, 4, 8, …   4 Regel:
5 80, 40, 20, 10, …   6 Regel:
7 60, 45, 30, 15, …   8 Regel:
9 84, 72, 60, 48, …   10 Regel:
11 65, 52, 39, 26, …   12 Regel:

Muster & Strukturen — Das nächste Wort

Wie heißt die nächste Buchstabenfolge? Finde die Regel.

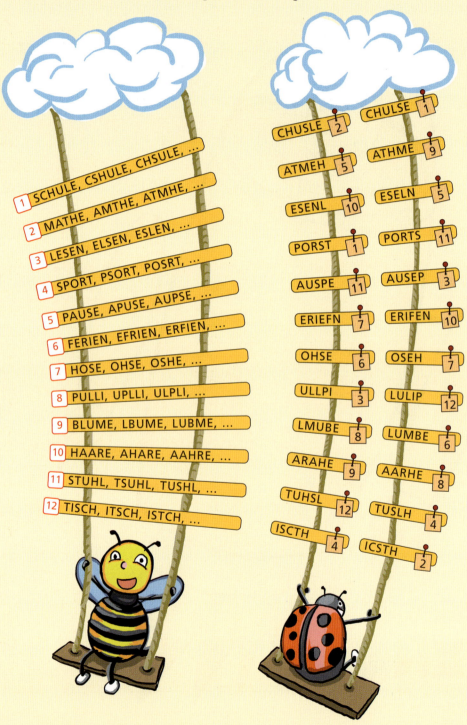

Logicals Muster & Strukturen

Ali sitzt nicht neben Benni und nicht neben Klara. Klara sitzt links von Benni am Rand. Dennis sitzt zwischen Benni und Ali. Wo sitzt jeder?

Lilli sitzt nicht neben Anna und nicht neben Tim. Anna sitzt an Tims rechter Seite am Rand. Marie sitzt an Tims linker Seite. Wo sitzt jeder?

Marlen sitzt ganz links, aber nicht neben Kevin und Jim. Jim sitzt ganz rechts und neben Kevin. Neben Marlen sitzt Alex. Wo sitzt jeder?

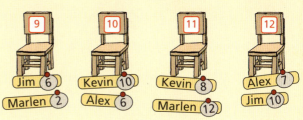

Mama sitzt neben Papa und neben Tom. Arthur sitzt ganz links und neben Tom. Wo sitzt jeder?

Oma sitzt links von Opa. Susi sitzt rechts von Opa. Mona sitzt neben Oma. Wo sitzt jeder?

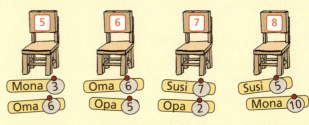

Charlotte sitzt ganz rechts und neben Kai. Ronny sitzt zwischen Maurice und Kai. Wo sitzt jeder?

23

Größen & Messen

Zeit

Wie heißen die fehlenden Zahlen?

1. Ein Jahr hat .... Tage.
2. Ein Jahr hat .... Monate.
3. Ein Monat hat .... Wochen.
4. Eine Woche hat .... Tage.
5. Ein Tag hat .... Stunden.
6. Eine Stunde hat .... Minuten.
7. Eine Minute hat .... Sekunden.
8. Eine halbe Stunde hat .... Minuten.
9. Eine Viertelstunde hat .... Minuten.
10. Der Januar hat .... Tage.
11. Ein Jahr hat .... Wochen.
12. Ein Jahr hat .... Jahreszeiten.

 **Der Tageslauf** Größen & Messen

Welche Uhrzeit passt?

 1 Um 07:00 Uhr steht Tim auf.

 2 Um 07:30 Uhr geht er in die Schule.

 3 Um 08:00 Uhr beginnt die Schule.

 4 Um 10:00 Uhr hat er Sport.

 5 Um 12:30 Uhr ist die Schule aus.

 6 Um 13:00 Uhr gibt es Mittagessen.

 7 Um 14:00 Uhr macht er Hausaufgaben.

 8 Um 15:00 Uhr geht er zum Spielplatz.

 9 Um 17:30 Uhr gibt es Abendessen.

 10 Um 20:00 Uhr geht er ins Bett.

 11 Um 20:30 Uhr liest er im Bett.

 12 Um 21:00 Uhr schläft er ein.

Größen & Messen

Geld

Wie viel Geld hat jeder?

Tim, Kathi, Clara und Susi haben Geld gespart.
Susi hat 7 €, Kathi hat doppelt so viel Euro wie Susi.
Tim hat 6 € mehr als Kathi, Clara hat 3 € weniger als Tim.

Sina hat 10 €. Ali hat halb so viel Euro wie Sina.
Tina hat 3 € mehr als Ali. Julia hat 5 € mehr als Sina.

Jana, Lisa, Lennard und Milan leeren ihre Spardose.
Jana hat 6 €, Lisa hat 4 mal so viel wie Jana, Lennard hat halb so viel wie Lisa. In Milans Spardose ist halb so viel wie in Lennards und Lisas zusammen.

Geld

Größen & Messen

Welche Münzen sind es?

1. Tim hat drei Münzen. Es sind zusammen 70 Cent.
2. Lilli hat vier Münzen. Es sind zusammen 40 Cent.
3. Lara hat vier Münzen. Es sind zusammen 26 Cent.
4. Anna hat fünf Münzen. Sie hat insgesamt 15 Cent.
5. Maurice hat vier Münzen. Er hat insgesamt 51 Cent.
6. Clara hat neun Münzen. Sie hat insgesamt 10 Cent.
7. Isa hat sechs Münzen. Sie hat insgesamt 63 Cent.
8. Artur hat fünf Münzen. Es sind zusammen 71 Cent.
9. Jonas hat drei Münzen. Er hat insgesamt 65 Cent.
10. Maja hat vier Münzen. Es sind insgesamt 82 Cent.
11. Marie hat zehn Münzen. Sie hat insgesamt 90 Cent.
12. Tina hat fünf Münzen. Sie hat insgesamt 83 Cent.

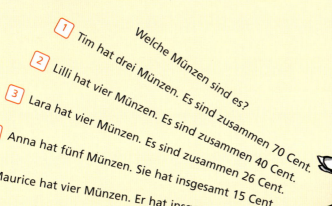
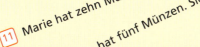

Größen & Messen

Längen

Wie lang ist jede Strecke insgesamt? Hinweis: 1 Feld entspricht 1 cm.

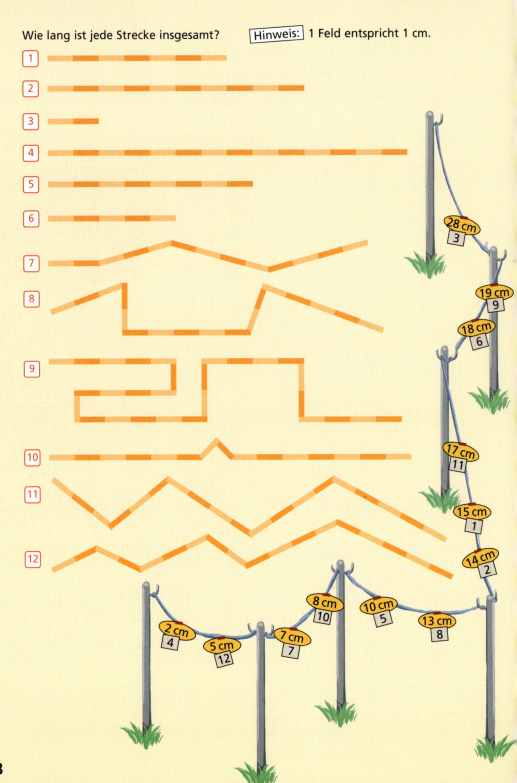

Sprünge

Größen & Messen

1. Jana springt beim Sportfest 2 m 50 cm weit.
Marie springt 13 cm weiter als Jana.
Wie weit springt Marie?

2. Tina springt 1 m 80 cm weit. Pia springt 30 cm weiter.
Artur springt 14 cm weiter als Pia.
Wie weit springt Artur?

3. Anne springt 15 cm kürzer als Lisa.
Lisa springt 230 cm weit.
Wie weit springt Anne?

4. Max springt 1 m 90 cm weit.
Paula springt 20 cm weiter als Max.
Jonas springt 15 cm kürzer als Paula.
Wie weit springt Jonas?

5. Florian springt 215 cm weit.
Tim springt 35 cm weniger.
Wie weit springt Tim?

6. Kevin springt 228 cm weit.
Ole springt 30 mm weiter.
Wie weit springt Ole?

7. Lara springt 187 cm weit.
Ida springt 10 mm weniger.
Wie weit springt Ida?

8. Luca springt 2 m 28 cm weit.
Therese springt 48 cm weniger.
Maurice springt 27 cm weiter als Therese.
Wie weit springt Maurice?

9. Timo springt springt 14 cm weiter als Kati.
Kati springt 163 cm.
Wie weit springt Timo?

10. Lea springt 184 cm weit.
Anke springt 50 mm weiter als Tina.
Tina springt 20 mm weniger als Lea.
Wie weit springt Anke?

11. Lilli schafft 2 m 3 cm.
Kevin springt 50 mm weiter.
Wie weit springt Kevin?

12. Lina schafft 2 m 50 mm.
Linn springt 15 cm weniger.
Wie weit springt Linn?

Daten, Häufigkeit und Wahrscheinlichkeit

Kombinatorik

1. In der Eisdiele bestellt Jana 2 Kugeln Eis. Sie kann die Sorten Vanille und Schoko wählen. Wie viele verschiedene Möglichkeiten gibt es?   3 • 7 •   4 • 10 •

2. Anna mag Zitrone, Erdbeer und Schoko. Wie viele verschiedene Möglichkeiten gibt es, wenn sie 2 Kugeln wählt?   4 • 4 •   6 • 11 •

3. Dennis bestellt 3 Kugeln Eis. Er wählt die Sorten Vanille und Erdbeer. Wie viele verschiedene Möglichkeiten gibt es?   2 • 10 •   6 • 8 •

4. Lilli nimmt 2 Kugeln Eis, sie mag gerne Banane und Kiwi. Wie viele verschiedene Möglichkeiten gibt es, wenn keine Eissorte doppelt vorkommen darf?   1 • 8 •   2 • 2 •

5. Jana hat zwei Blusen und zwei Hosen. Wie viele Kombinationen gibt es?   2 • 12 •   4 • 4 •

6. Tim hat drei Pullis und zwei Hosen. Wie viele Kombinationen gibt es?   4 • 5 •   6 • 12 •

7. Lisa hat drei Hosen und einen Pullover. Wie viele Kombinationen gibt es?   3 • 2 •   4 • 9 •

8. Anna hat drei Blusen und drei Röcke. Wie viele Kombinationen gibt es?   6 • 3 •   9 • 5 •

9. Marie kann mit ihren Blusen und Hosen zwölf Kombinationen zusammenstellen. Wie viele Hosen hat sie, wenn sie vier Blusen hat?   3 • 9 •   4 • 1 •

10. Frau Schön hat einen schwarzen und einen roten Hut und drei Mäntel. Wie viele Kombinationen gibt es?   6 • 1 •   9 • 6 •

11. Kyle kann aus seinen Hemden und Hosen 9 verschiedene Kombinationen zusammenstellen. Wie viele Hemden und Hosen könnte er haben?   4 und 5 oder 5 und 4 • 11 •   3 und 3 oder 1 und 9 • 3 •

12. Torben kann aus seinen Pullis und Hosen 20 verschiedene Kombinationen zusammenstellen. Wie viele Pullis hat er, wenn er zehn Hosen hat?   2 • 6 •   5 • 7 •

Schaubilder

Daten, Häufigkeit und Wahrscheinlichkeit

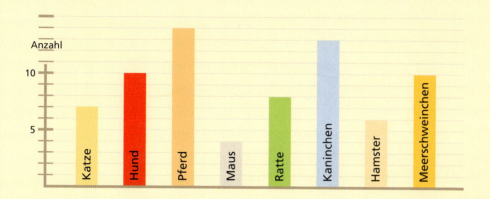

1. Welches Tier ist das Lieblingstier der meisten Kinder? (Pferd 12 | Kaninchen 8)
2. Wie viele Kinder haben sich für dieses Tier entschieden? (10 4 | 14 8)
3. Wie viele Kinder haben die Katze gewählt? (7 9 | 9 11)
4. Wie viele Kinder haben die Maus gewählt? (6 7 | 4 11)
5. Wie viele Kinder haben den Hund gewählt? (7 12 | 10 3)
6. Welches Tier wurde am wenigsten als Lieblingstier gewählt? (Maus 7 | Katze 9)
7. Wie viele Kinder haben Kaninchen und Meerschweinchen gewählt? (23 5 | 20 3)
8. Wie viele Kinder haben Ratte und Maus gewählt? (8 6 | 12 2)
9. Wie groß ist der Unterschied zwischen Pferd und Maus als Lieblingstier? (10 10 | 8 5)
10. Wie viele verschiedene Lieblingstiere wurden gewählt? (9 12 | 8 6)
11. Welche Tiere wurden gleich oft gewählt? (Pferd und Kaninchen 1 | Hund und Meerschweinchen 4)
12. Wie viele Kinder haben Katze, Hund und Pferd gewählt? (31 1 | 21 4)

UND ICH?

Daten, Häufigkeit und Wahrscheinlichkeit

Tiere

Bauer Groß hat auf seinem Hof Hühner und Schweine. Wie viele Beine haben die Tiere insgesamt?

1	20 Hühner	7	1 Huhn, 5 Schweine
2	20 Schweine	8	15 Hühner, 1 Schwein
3	33 Hühner	9	25 Hühner, 10 Schweine
4	25 Schweine	10	31 Hühner, 6 Schweine
5	25 Hühner	11	5 Hühner, 11 Schweine
6	16 Schweine	12	12 Hühner, 20 Schweine

Bauer Stall hat auf seinem Hof Pferde und Gänse. Wie viele Beine haben die Tiere insgesamt?

1	10 Pferde	7	10 Pferde, 5 Gänse
2	10 Gänse	8	14 Gänse, 5 Pferde
3	15 Pferde	9	30 Gänse, 2 Pferde
4	15 Gänse	10	25 Gänse, 10 Pferde
5	18 Pferde	11	8 Pferde, 12 Gänse
6	18 Gänse	12	18 Gänse, 7 Pferde